APOTHÉOSE

DE

NAPOLÉON BONAPARTE.

Dialogue entre deux grognards. — Deux généraux annoncent que le buste de Napoléon est achevé. — Jour fixé pour son apothéose. — Généraux, militaires, accompagnent ce buste. — Rendus devant la colonne de la place Vendôme, ils chantent des couplets. — Au Champ-de-Mars, un orateur fait le panégyrique du grand homme. — Le cortége arrivé à l'École-Militaire, on inaugure le buste. — Chants de triomphe qui terminent l'apothéose.

A PARIS,

CHEZ GAUTHIER, EDITEUR, RUE MAZARINE, No 49.

1831.

AUSTERLITZ
MARENGO
JENA
PYRAMIDES
ARCOLE LODI

APOTHÉOSE

DE

NAPOLÉON BONAPARTE.

LA TERREUR, LA TULIPE, SANS-QUARTIER,
grognards.

LA TERREUR.

Je viens, mes camarades, de la guinguette, où j'ai trouvé quelques bons lurons de l'ancienne garde, avec lesquels j'ai bu et ri de belle manière. Nous avons ensuite chanté. Voici un des couplets que je leur ai fait entendre :

AIR : *Malgré la bataille.*

D'un éclat de bombe
Si le coup vengeur,
Fait que je succombe
Aux champs de l'honneur;
Sur moi, camarade,
Ne va pas gémir;
Soldat de la garde
Doit ainsi mourir.

SANS-QUARTIER.

Mille tonnerres du diable ! tu n'en détaches pas mal, en fait de chansons.

A l'exemple des troubadours,
Partisans de la gloire,
Faisons chanter ceux qui toujours
Nous font chanter victoire.

BER.....

Fixons au 1er mars l'apothéose du grand homme.
C'est le mois des guerriers, c'est le nom de celui qui
les conduisit tant de fois à la victoire.

AIR : *Vaudeville de la partie carrée.*

Du héros qui, dans sa fortune altière,
Se fit un jeu des sceptres et des rois,
Et de ses pieds on peut voir la poussière
Empreinte encor sur le bandeau des rois :
Vous rampiez tous, ô tyrans qu'on encense !
Vous attendiez, sans y songer,
Avec bassesse et complaisance,
L'heure de son lever.

Les deux généraux se séparent, et vont, chacun de
son côté, faire les préparatifs de la fête triomphale.

Nos grognards, au milieu du chemin qui conduisait
chez le général Ber....., s'arrêtent chez un marchand
de vin. Après avoir pris place autour d'une table, et
vidé deux litres, nos buveurs se mirent à discourir sur
la guerre, sur les batailles et combats où ils avaient
payé de leurs personnes : un nouveau litre de vin fut
demandé ; il mit en gaîté nos grognards. La Terreur,
qui sait son Béranger par cœur, chanta le couplet
suivant :

Air : *Des trois cousines.*

On répétera dans l'histoire
Qu'aux pieds des cosaques du Don,
Pour nos soldats et pour leur gloire,
Nous avons demandé pardon.

Jour de Dieu! ce ne sont pas des Français, qui se
sont humiliés ainsi. Un de mes cousins, un étudiant
de l'Ecole de droit, qui en pince d'une bonne manière
en fait de chansons, a terminé ainsi ce couplet :

Jour affreux, grand jour d'insolence,
Qui des vaincus fis le malheur,
Tu vins alors rendre à la France,
Cocarde blanche et déshonneur.

Sans-Quartier, vieux sergent, répondit à son camarade par cet autre couplet :

Air : *Dis-moi, soldat; dis-moi, t'en souviens-tu?*

De quel éclat brillaient dans la bataille,
Nos habits bleus par la victoire usés!
La liberté mêlait à la mitraille
Des fers rompus et des sceptres brisés.
Les nations, reines par nos conquêtes,
Ceignaient de fleurs le front de nos soldats.
Heureux celui qui mourut dans ces fêtes!
Dieu, mes amis, vous donne un beau trépas!

Assez chanté comme ça; rendons-nous chez le général Ber....., qui nous instruira de ce qu'il attend
des grognards. Arrivés chez lui, le général leur dit :

8

Mes camarades,

Je dois vous prévenir que le 1ᵉʳ mars, les généraux français qui ont servi sous le grand Napoléon, voulant rendre un hommage éclatant à ce héros, se rendront au Champ-de-Mars, ayant à leur tête son buste ; que ce buste, élevé sur un autel, sera couronné de lauriers, et qu'on célébrera par des chants guerriers son apothéose à l'immortalité.

Il manquerait quelque chose à cette fête triomphale, si l'on n'y voyait pas quelques uns de ces braves grenadiers qui l'ont suivi dans ses courses militaires, et qui se sont couverts de gloire sous la conduite de ses aigles.

Assez et trop long-temps, sous une restauration qui n'a rien restauré, le soldat français a été humilié par des militaires qui n'ont jamais brûlé une amorce ; les temps sont changés, l'honneur va être rendu aux grenadiers qui, pendant quinze ans, ont vu leurs lauriers flétris par des valets de cour, des émigrés et des échappés de Coblentz et de Worms.

LA TULIPE.

Bravo, général ; voilà qui est bien dit.

LA TERREUR.

Le sang bouillonne dans mes veines, quand je songe à cette armée d'Espagne qui marchait sous les ordres d'un trapiste et du duc d'Angoulême, cette poire molle de bon chrétien.

SANS-QUARTIÉR.

Il était bientôt temps que cette mauvaise farce finît.
Nous en avons vu de cruelles.

LE GÉNÉRAL.

Ainsi, mes amis, je compte sur vous.

LES TROIS GROGNARDS.

Oui, général, foi de grenadiers ; les braves ne manquent jamais à leur parole.

Le 1er mars, à onze heures du matin, les maréchaux et généraux S...., La......, Gé...., Mont. ..., le comte de L...., Cl....., etc. ; etc. , nos trois grognards et une foule d'autres militaires rassemblés chez le général Ber....., se mirent en marche.

Les tambours et la musique militaire précédaient le cortége. Des drapeaux tricolores, voltigeant au gré des vents, entouraient le buste de Napoléon couronné de lauriers. Suivait un chœur de jeunes filles avec les généraux. La marche était fermée par des militaires de tous grades et des élèves de l'Ecole polytechnique.

Le cortége se dirigea vers la colonne de la place Vendôme, où elle s'arrêta. Un militaire chanta le couplet suivant :

AIR : *Du chant du départ.*

Au pied de la colonne, ah ! jurons à nos pères,
A nos épouses, à nos sœurs,
A nos représentans, à nos fils, à nos mères,
D'anéantir les oppresseurs.

Le vœu des peuples nous seconde
Pour le bien de l'humanité ;
Les Français donneront au monde,
Et la paix et la liberté.
La France libre nous appelle ;
Sachons vaincre ou sachons périr :
Un Français doit vivre pour elle,
Pour elle un Français doit mourir.

Le musicien d'un régiment qui avait combattu
Austerlitz, fit entendre ensuite ce chant militaire :

AIR : *Mon honneur dit que je serais coupable.*

Champs d'Austerlitz, de la valeur guerrière
Redites-nous les exploits inouïs
Rappelez-nous cette jeunesse fière
Qui terrassa de puissans ennemis.
Cette bataille, à jamais mémorable,
Doit attester à nos derniers neveux
Que le Français, en tout temps formidable,
Se surpassa dans ce jour glorieux.

Un vieux grenadier, pour terminer la station, fi
entendre ce couplet de *la Parisienne :*

AIR : *Peuple français, peuple de braves.*

Les trois couleurs sont revenues,
Et la colonne, avec fierté,
Fait briller à travers les nues
L'arc-en-ciel de la liberté,
O jour d'éternelle mémoire !
Paris n'a plus qu'un cri de gloire ;

> En avant, marchons
> Contre leurs canons;
> A travers le fer, le feu des bataillons,
> Courons à la victoire. (*bis.*)

Après avoir salué la colonne de leurs drapeaux, le cortége, escorté d'une foule de curieux, s'achemine vers le Champ-de-Mars en faisant retentir l'air de chants guerriers. Arrivé sur l'esplanade des Invalides, une députation de ces vieux guerriers s'avance, et l'orateur s'exprime ainsi en chantant :

Air : *De la boutonnière*, ou *de l'Etoile du courage.*

> Napoléon, par ses hauts faits,
> Quinze ans fit triompher la France;
> Il a, ce héros des Français,
> Soumis vingt rois à sa puissance.
> Implorant son cœur généreux,
> Les potentats, dans leur défaite,
> N'arrêtaient ses pas courageux
> Que par le son de la trompette. (*bis.*)

Cette députation suivit le cortége au Champ-de-Mars, où il arriva à deux heures précises. Après avoir posé le buste de Napoléon sur l'autel de la patrie, les généraux et les autres guerriers formèrent un cercle autour de cet autel. Un orateur, élevé sur un tertre de gazon, s'exprima ainsi d'une voix sonore :

Généraux, soldats,

Vous voyez devant vous le buste du héros qui a rempli l'univers de son nom et de ses victoires presqu'incroyables ; il ne doit qu'à lui-même ce qu'il fut.

Sa jeunesse fut laborieuse ; il avait prévu que sans la science et l'étude, l'homme ne pouvait parvenir à acquérir de la réputation et de la gloire. Aussi ses premières années furent consacrées au travail ; les amusemens du jeune âge lui parurent insipides. Il commençait déjà à rêver la gloire qui devint son idole, gloire qui n'a cessé de l'accompagner dans toutes ses entreprises jusqu'aux jours du malheur.

Ce fut à Toulon qu'il fit ses premières armes, et qu'il contribua à reprendre ; Toulon qui avait été livré aux Anglais par des Français indignes de ce nom.

Nommé général en chef de l'armée d'Italie, il commença à rassurer cette armée découragée par les privations de tous les genres ; puis s'élançant avec elle dans les campagnes florissantes du Piémont, il marcha de succès en succès, de victoires en victoires, jusqu'au moment où fut rédigé le traité de Campo-Formio avec l'Autriche, signé le 17 octobre 1797, et dont il dicta lui-même les clauses et conditions. Je ne vous ai point rappelé les combats et batailles qu'il livra dans cette glorieuse campagne. Plusieurs d'entre vous en ont été les témoins, et même y ont coopéré. D'ailleurs tous les bons Français, et même les étrangers, en ont conservé la mémoire.

Après avoir achevé la conquête d'Italie, Bonaparte revint à Paris, où, d'après ses avis et son plan, l'expédition d'Egypte fut décidée, expédition qui a contribué en grande partie au commencement de la civilisation de ce pays, si célèbre dans les annales de l'histoire.

Avant de livrer la bataille des Pyramides, il dit à ses soldats en étendant les bras vers elles, ces mots sublimes : « Songez que, du haut de ce monument, » quarante siècles vous contemplent. »

Parti de Toulon le 19 mai 1798, il débarqua sur les côtes d'Egypte le 12 juin. Après une série de succès, il lève le siége de Saint-Jean-d'Acre, revient en France, où il débarque le 28 septembre, et consomme à Paris la révolution du 18 brumaire, qui, confondant les partis et réprimant les factions, abattit le monstre de l'anarchie.

Nommé premier consul de la république, il se prépare à reconquérir l'Italie, que la France avait perdue pendant son absence. Arrivé dans les plaines de Marengo, il livre bataille aux Autrichiens, qui furent complètement défaits. La paix avec l'Autriche fut signée le 9 février 1801, et un traité avec l'Angleterre fut pareillement signé à Amiens le 27 mars 1802, traités qui furent bientôt rompus.

Le 18 mai 1804, Bonaparte est élu empereur des Français, sous le nom de Napoléon. Il fait des préparatifs immenses pour une descente en Angleterre, et c'est à ce sujet que fut composé un chant de guerre dont voici deux couplets, que les musiciens du cortége vont répéter pour votre satisfaction.

Air : *Elle aime à rire, elle aime à boire.*
(Du vieux Drapeau.)

Entendez la voix de l'orage,
Eveillez-vous, peuples amis!
De nouveaux honneurs sont promis,
Le triomphe attend le courage.
Des voiles, des armes, des feux,
Que tout s'unisse et se réponde!
Notre cause est celle du monde,
L'avenir a sur nous les yeux.

Par les héros de la patrie,
Et par le fer de nos aïeux,
Jurons de combattre en tous lieux
Une race à jamais flétrie.
Elle a rompu tous ses sermens,
Elle a trahi la foi jurée;
De son île à jamais abhorrée
Ebranlons jusqu'aux fondemens.

L'orateur reprend la parole et continue ainsi : Napoléon avait tout organisé pour opérer une descente en Angleterre; mais celle-ci avait formé une coalition contre la France, composée de la Russie, de l'Autriche et de la Suède; cette alliance fut signée le 11 avril 1805.

Napoléon lève aussitôt son camp de Boulogne, et après une suite de succès non interrompue, il fit son entrée à Vienne le 13 novembre. Peu après se donne la bataille d'Austerlitz, où les Russes et les Autrichiens furent complètement battus. En 1806, le 14 octobre, bataille d'Iéna contre les Prussiens ; la victoire se rangé encore sous les drapeaux français.

Au mois de février 1807 commença la campagne contre les Russes, campagne mémorable par les batailles d'Eylau et de Friedland. En 1808 eut lieu la guerre de Portugal, et commença celle d'Espagne. Jetons un voile sur cette dernière entreprise, qui entraîna de grands malheurs sans aucun résultat favorable.

En 1809, nouvelle guerre contre l'Autriche, qui se termina par la bataille de Wagram, où les ennemis firent une perte immense. Un nouveau traité de paix avec cette puissance fut signé le 14 octobre. Une des clauses de ce traité fut le mariage de Napoléon avec l'archiduchesse Marie-Louise, mariage qui eut lieu en 1810.

C'est de cette époque que l'étoile de Napoléon commença à pâlir; les princesses autrichiennes ont, dans tous les temps, porté malheur à la France.

De nouveaux démêlés avec la Russie amenèrent une rupture avec cette puissance. Nous ne retracerons point ici les désastres de la campagne de Moscow, où tout se réunit, jusqu'aux élémens, contre Napoléon. L'histoire en a déjà rempli ses pages. L'empereur quitte aussitôt l'armée, se rend à Paris, lève deux cent mille conscrits, et se prépare à de nouveaux combats; bientôt la bataille de Lutzen, gagnée sur les puissances coalisées, le 2 mai 1813, prouva que des conscrits égalaient en valeur les plus vieilles moustaches.

Peu de jours après cette victoire il livra à Bautzen une seconde bataille, où les ennemis perdirent vingt mille hommes.

A la fin du mois d'août se donna la bataille de Dresde, que Napoléon gagna sur les coalisés.

Les journées sanglantes de Léipsick, des 18 et 19 octobre, signalèrent les époques désastreuses de l'armée française. Un pont rompu sur l'Elster, au moment où une grande partie de nos troupes devait passer, causa une perte considérable d'hommes, de munitions et du matériel de l'armée. Ce fut dans ce fleuve que périt le brave polonais Poniatowski.

L'orateur s'interrompit en ce moment. Un grognard sortit des rangs, et chanta le couplet suivant sur la mort de ce général.

Air : De la sentinelle.

Champs de Léipsick, à nos derniers neveux
Vous redirez nos batailles sanglantes,
Et l'Elster qui d'un prince valeureux
Interrompit les courses triomphantes.
    La Pologne, de ce héros
    Pleure le trépas déplorable.
    La France, malgré tous ses maux,
    Regrette un soldat redoutable.

L'orateur, reprenant son discours, poursuivit ainsi : La campagne de 1814 s'ouvrit alors ; les alliés passèrent le Rhin. Napoléon obtint contre eux de grands succès,

La journée de Montereau fut la dernière de cette campagne. L'ennemi entra dans Paris.

Tout s'était réuni contre l'empereur des Français pour le déterminer à abdiquer. Il abdiqua en effet ; et, par le traité fait avec les alliés, nos bons amis, il fut relégué à l'île d'Elbe.

Les crimes, les injustices et les sottises des Bourbons, qui n'avaient en leur faveur que leur ridicule légitimité, rappelèrent Napoléon en France. Il arriva à Paris le 20 mars 1815, en partit le 12 juin pour aller combattre les puissances coalisées. Le 18, tout se prépara pour une grande affaire qui devait décider du sort de l'empereur. La bataille de Waterloo se donna, et fut perdue par la faute du général Grouchy et du maréchal Ney. Le comte de Bourmont, ex-ministre de la guerre, avait préludé, par la trahison, à cette perte.

Arrivé dans la capitale, Napoléon trouva les Chambres opposées à ses vues ; il abdiqua en faveur de son fils.

Croyant devoir se confier à la générosité anglaise, le 15 juillet il se rendit à bord du *Bellérophon*, d'où, par ordre des ministres de Georges IV, il passa sur *le Northumberland*, qui le transporta à Sainte-Hélène, où il fut presque toujours malade, et où il termina ses jours le 5 mai 1820. Je ne vous parlerai point de son geolier, sir Hudson Lowe. Son nom passera à la postérité, chargé de l'exécration des contemporains ; le crime a aussi son immortalité.

Telle fut la fin de ce héros, de ce grand homme,

dont nous déplorons la perte. En attendant que ses cendres soient apportées en France, et reçoivent au Panthéon les honneurs qui leur sont dus, faisons aujourd'hui son apothéose, et consacrons à l'immortalité, par nos chants, son génie, ses talens et les bienfaits dont la France lui est redevable.

Un général, s'avançant vers le buste, lui adresse le couplet suivant :

AIR : *De la croisée.*

A l'heureuse immortalité,
Napoléon, tu dois prétendre,
Et déjà la postérité
Règle les honneurs à te rendre.
Par ton génie et tes talens
Tu fixas long-temps la victoire ;
Chacun de tes projets brillans
   Fut un pas vers la gloire.

Un grenadier de l'île d'Elbe, après avoir caressé sa moustache, s'exprime ainsi :

AIR : *Des grands hommes.*

Chantons, chantons le héros de la France,
Et les hauts faits de ce grand conquérant ;
De ce guerrier rappelons la vaillance,
Et son génie en tous lieux transcendant.
Il illustra notre belle patrie ;
Vingt ans de gloire attestent sa valeur ;
Malgré les cris de la cruelle envie
Il sut guider nos fils au champ d'honneur.

Au grenadier succède un musicien de l'ancienne garde qui fait entendre les dernières paroles de Napoléon, quittant la France.

Même air.

Notre héros, en quittant sa patrie,
Dit en pleurant : « Adieu, braves guerriers ;
Adieu, mon fils, mon épouse chéric,
Adieu, la France, adieu, tous mes lauriers,
Adieu, soldats, vrais soutiens de la gloire ;
Tout présageait un si bel avenir !
Nous nous verrons au temple de Mémoire ;
De nos hauts faits gardons le souvenir. »

Ce dernier couplet, chanté par un simple citoyen, termina la cérémonie du Champ-de-Mars.

AIR : *De Léonide.*

C'est lui, que l'on vit en Afrique,
Humilier le Musulman ;
Deux fois, sur le sol italique,
Napoléon fut triomphant ;
Il aurait, jusqu'au bout du monde,
Porté son glorieux drapeau,
Et vingt rois fuirent à la ronde
En voyant son petit chapeau.

Le cortége quitta alors le Champ-de-Mars ; le buste de Napoléon le précédait. Arrivé à l'Ecole-Militaire, ce buste fut inauguré dans une des principales salles, et un des généraux improvisa les phrases suivantes :

Honneur au héros qui rendit, pendant son règne, la France si puissante!

Honneur au guerrier qui alla planter ses aigles triomphantes dans presque toutes les capitales de l'Europe!

Honneur au sage législateur qui donna à la France un code de lois!

Honneur à l'habile administrateur qui porta dans toutes les branches de l'administration l'économie et la régularité du service!...

Le couplet suivant termina l'apothéose du grand homme.

AIR : De l'attaque du convoi.

Napoléon a fini sa carrière ;
Qu'on lui consacre un nouveau monument,
En attendant que sa noble poussière
Du Panthéon ait l'hommage éclatant.
On se souvient de son auguste règne ;
Pendant vingt ans la France a triomphé ;
La France dut gloire et prospérité
Au prisonnier de Sainte-Hélène.

<hr>

IMPRIMERIE LE NORMANT FILS, RUE DE SEINE, N° 8.